El puente Golden Gate

Los símbolos estadounidenses

Aaron Carr

LIGHTBOX
openlightbox.com

LIGHTBOX

Entre a
www.openlightbox.com
e ingrese el código único
de este libro.

CÓDIGO DE ACCESO

LBN46397

Lightbox es una completa solución digital para enseñar y aprender temas curriculares de una manera original e innovadora. Lightbox se basa en las Normas Curriculares Nacionales.

OPTIMIZADO PARA

- ✓ **TABLETAS**
- ✓ **PIZARRAS ELECTRÓNICAS**
- ✓ **COMPUTADORAS**
- ✓ **¡Y MUCHO MÁS!**

CARACTERÍSTICAS ESTÁNDAR DE LIGHTBOX

AUDIO Narraciones de alta calidad con sistema de texto a voz

VIDEOS Videoclips de alta definición incorporados

ACTIVIDADES PDFs imprimibles que pueden enviarse por correo electrónico y calificarse

ENLACES WEB Enlaces cuidadosamente seleccionados con recursos seguros para niños

PRESENTACIÓN EN DIAPOSITIVAS Ilustraciones gráficas de los conceptos clave

MAPAS INTERACTIVOS Mapas interactivos e imágenes satelitales aéreas

QUIZ **CUESTIONARIOS** Diez preguntas de elección multiple con puntaje automático que se envían por correo electrónico al docente para su evaluación

PALABRAS CLAVE Combinación de los conceptos clave con sus definiciones

VIDEOS

ENLACES WEB

PRESENTACIÓN EN DIAPOSITIVAS

CUESTIONARIOS

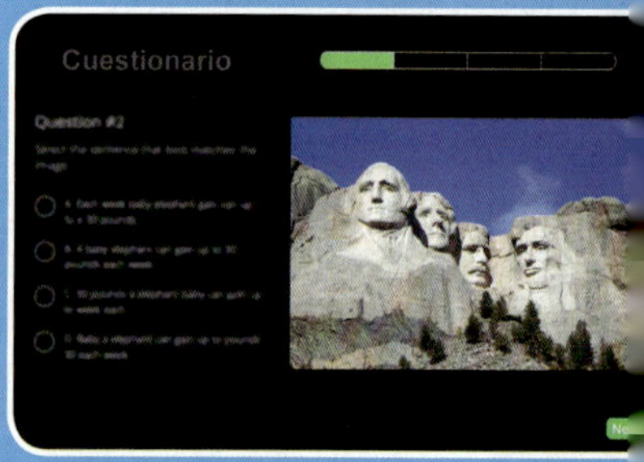

El puente Golden Gate

Contenidos

El puente Golden Gate

El puente Golden Gate es un puente muy alto de San Francisco, California, con altas torres y largos cables.

Los **cables principales** del puente Golden Gate miden **7.650 pies** de largo.

Un símbolo del trabajo duro

El puente Golden Gate es un símbolo de los Estados Unidos. Representa el esfuerzo de los estadounidenses.

Cruzando el Golden Gate

El puente se extiende sobre un cuerpo de agua llamado Golden Gate. El estrecho Golden Gate une a la Bahía de San Francisco con el océano Pacífico.

El puente Golden Gate conecta a **San Francisco** con el **condado de Marin**, California.

Los trabajos en el puente

Los trabajos en el puente Golden Gate comenzaron en 1933. Se tardó más de cuatro años en terminar el puente.

BETHLEHEM STEEL COMPANY

La inauguración del puente

El puente se inauguró con un evento especial. Más de 200.000 personas cruzaron por el puente ese día.

27

La **primera vez** que la gente **caminó** por el puente Golden Gate fue el **27 de mayo de 1937**. Al día siguiente, se inauguró para los vehículos.

La pintura anaranjada

El puente Golden Gate está pintado de color anaranjado para que los barcos puedan verlo desde el agua.

Pintando el puente

El puente Golden Gate se sigue pintando para mantener su seguridad.

Todos los años, se utilizan entre **5.000** y **10.000** galones de pintura en el Golden Gate.

Un gran cumpleaños

El puente Golden Gate cumplió 75 años en 2012. Para celebrarlo, se realizó una gran fiesta con música y fuegos artificiales.

El puente Golden Gate hoy

Viene gente de todas partes del mundo a ver el puente Golden Gate. Unos 40 millones de autos y camiones lo cruzan cada año.

DATOS SOBRE EL PUENTE GOLDEN GATE

Estas páginas contienen más detalles sobre los interesantes datos de este libro. Están dirigidas a los adultos para que ayuden a los jóvenes lectores a redondear sus conocimientos sobre cada símbolo nacional presentado en la serie *Los símbolos estadounidenses*.

Páginas 4–5

El puente Golden Gate. El puente Golden Gate cuelga de cables unidos a dos torres que se elevan a 746 pies por sobre el nivel del agua. El tramo principal del puente, entre las dos torres, tiene 4.200 pies de largo. Hasta 1964, éste era el tramo principal más largo de un puente a nivel mundial.

Páginas 6–7

Un símbolo del trabajo duro. El Puente Golden Gate es reconocido en los Estados Unidos y en el resto del mundo como un símbolo del Oeste Americano y del país mismo. Alguna vez se dijo que no se podría volver a hacer otro puente como el Golden Gate. Por eso, el puente también es considerado un símbolo de la determinación y el esfuerzo.

Páginas 8–9

Cruzando el Golden Gate. El estrecho Golden Gate es un estrecho de 3 millas de largo que marca el límite norte de San Francisco. Todos los barcos que se dirigen a los puertos de la Bahía de San Francisco o al sistema fluvial de Sacramento-San Joaquín deben pasar por esta entrada. El capitán del ejército estadounidense John C. Frémont fue quien dio el nombre a este estrecho porque le recordaba a un puerto de Turquía llamado Golden Horn.

Páginas 10–11

Los trabajos en el puente. La construcción del puente comenzó el 5 de enero de 1933. Para colaborar con la construcción, metalúrgicas de todo el país fabricaron 83.000 toneladas de piezas de acero y las enviaron a San Francisco. El puente Golden Gate tiene más de un millón de remaches de acero que lo mantienen unido.

Páginas 12–13

La inauguración del puente. El 27 de mayo de 1937, se realizó en el puente Golden Gate un festejo llamado el Día del Peatón en el que se permitió a la gente cruzar el puente caminando antes de su apertura al tránsito vehicular. Al día siguiente, se realizó la ceremonia de inauguración con corte de cinta y, a partir de ese momento, los autos pudieron comenzar a cruzar el estrecho. A pesar de que algunos criticaron el puente, la mayoría lo recibió muy bien después de su inauguración.

Páginas 14–15

La pintura anaranjada. El puente Golden Gate está pintado de color anaranjado internacional. El color fue elegido por el arquitecto Irving Morrow. Morrow creía que este color combinaba con los colores cálidos del paisaje y contrastaba con los colores fríos del agua y el cielo. Así, el puente sería más visible para los barcos que ingresaban al estrecho y se conservaría su aspecto armonioso.

Páginas 16–17

Pintando el puente. La pintura es parte del mantenimiento permanente que se realiza en el puente. La pintura protege al puente de la humedad y el agua salada que lo rodea. Ayuda a evitar que la humedad y la sal del agua corroan el acero. Actualmente trabaja en el mantenimiento del puente un equipo de 13 herreros, 3 supervisores de herrería, 28 pintores y 5 peones de pintura.

Páginas 18–19

Un gran cumpleaños. El 24 de mayo de 1987, el puente fue cerrado al tránsito por cinco horas para festejar su cincuentenario. La gente colmó el puente recreando el cruce del Día del Peatón de 1937. En 2012, se realizó el Festival Golden Gate en diferentes puntos a ambos lados del puente. En los festejos hubo música en vivo, bailes y desfiles.

Páginas 20–21

El puente Golden Gate hoy. El puente Golden Gate es un paso muy utilizado entre San Francisco y los suburbios del condado de Marin. Más de 100.000 vehículos cruzan el puente todos los días. Se recaudan más de $100 millones al año por el peaje que se paga para cruzar el puente. El puente es además un ícono cultural que aparece en innumerables películas y espectáculos de televisión.

Published by Smartbook Media Inc.
350 5th Avenue, 59th Floor New York, NY 10118
Website: www.openlightbox.com

Library of Congress Control Number: 2017961963

ISBN 978-1-5105-3374-5 (hardcover)
ISBN 978-1-5105-3375-2 (multi-user eBook)

Printed in the United States of America in Brainerd, Minnesota
1 2 3 4 5 6 7 8 9 0 22 21 20 19 18

012018
011518

Spanish Project coordinator: Sara Cucini
Spanish Editor: Translation Services USA
English Project coordinator: John Willis
Designer: Ana María Vidal

Every reasonable effort has been made to trace ownership and to obtain permission to reprint copyright material. The publisher would be pleased to have any errors or omissions brought to its attention so that they may be corrected in subsequent printings.

The publisher acknowledges Alamy, Corbis, Getty Images, iStock, and Shutterstock as its primary image suppliers for this title.